우리나라 우리문화

우리나라 우리문화

1판 1쇄 인쇄 | 2018. 4. 1.
1판 1쇄 발행 | 2018. 4. 5.

양대승 글 | 김은경 그림

발행처 도서출판 거인
발행인 박형준
책임편집 안성철
디자인 박윤선
마케팅 이희경 김경진

등록번호 제2002-000121호
주소 서울시 마포구 상수동 와우산로 48 로하스타워 803호
전화 02-715-6857, 6859
팩스 02-715-6858

값은 표지에 있습니다.
ISBN 978-89-6379-062-3 73980

방방곡곡 지리책 3

우리나라 우리문화

글 양대승
그림 김은경

거인

차 례

우리나라 우리 땅

호랑이를 닮은 우리나라 땅 모양 ······ 10
우리 땅은 얼마나 오래전에 생겨났을까? ······ 12
우리나라 땅은 어떻게 만들어졌을까? ······ 14
물과 바람이 조각한 우리 땅 ······ 16
역사 속 우리 땅 모양의 변화 ······ 18
우리 땅의 식량 자원 ······ 20
우리나라는 지하자원이 부족해 ······ 22
가장 많이 쓰는 에너지 자원 석유 ······ 24
우리나라가 물이 부족한 나라라고? ······ 26
독도는 우리 땅! ······ 28

아름다운 우리나라 자연환경

날씨를 결정하는 기온·강수·바람 …… 32
날씨에 영향을 주는 공기 덩어리 …… 34
지역에 따라 기온이 달라 …… 36
겨울에는 서해안보다 동해안이 따뜻해 …… 38
우리나라에서 가장 더운 곳과 추운 곳 …… 40
비가 많은 여름과 비가 적은 겨울 …… 42
땅의 모양에 따라 비의 양이 달라져 …… 44
계절에 따라 바람의 방향이 변해 …… 46
태풍은 왜 여름에 집중적으로 발생할까? …… 48
지역마다 다른 집의 모양 …… 50
제주도와 울릉도에 있는 독특한 집 …… 52
지구의 온도가 계속 올라가고 있어 …… 54
환경문제가 심각해지고 있어 …… 56
물고기 종류가 달라지고 있어 …… 58

지도로 보는 우리나라

지도에는 왜 줄이 그어져 있을까? …… 62
어떤 종류의 지도가 있을까? …… 64
실제 모양을 그대로 옮긴 지구의 …… 66
하늘을 그린 지도도 있어 …… 68
날씨를 알 수 있는 기후도 …… 70
땅속의 상태를 알려 주는 지질도 …… 72
역사 공부에도 지도가 필요해 …… 74
길을 알려 주는 교통지도 …… 76

우리가 사는 고장의 자랑

백제의 숨결이 살아 있는 공주와 부여 …… 80
신라 천 년의 도읍지, 경주 …… 82
가야 역사의 중심지, 김해 …… 84
장보고의 청해진이 있었던 완도 …… 86
후백제의 도읍지, 전주 …… 88
후고구려의 역사가 살아 있는 철원 …… 90
강화도에도 궁궐이 있어 …… 92

임진왜란의 격전지, 행주산성 …… 94
동학 농민 운동이 시작된 정읍 …… 96
민주화의 성지, 광주 …… 98
삼별초와 4·3항쟁의 비극이 서린 제주도 …… 100

우리 고장 사람들의 모습

우리 민족은 축제를 좋아해 …… 104
아름다운 왕실의 제사 의식, 종묘대제 …… 106
백제 문화를 볼 수 있는 백제문화제 …… 108
세계 최대 기지시줄다리기 축제 …… 110
춘향전의 고향, 남원 춘향제 …… 112
전통이 잘 보존된 강릉 단오제 …… 114
바닷길이 열리는 진도 영등축제 …… 116
탈을 주제로 한 안동 국제 탈춤 페스티벌 …… 118
벚꽃이 아름다운 진해 군항제 …… 120
세계적인 영화 축제, 부산국제영화제 …… 122
도자기의 모든 것, 이천 도자기 축제 …… 124
제주도의 대표적인 지역 축제,
탐라문화제 …… 126

우리나라 우리 땅

호랑이를 닮은 우리나라 땅 모양

우리나라의 모양을 지도에서 보면 어떤 동물과 닮았나요?

일제시대 일본 사람들은 우리나라 모양이 토끼를 닮았다고 말했어요. 일본은 이렇게 말하면서 우리나라가 토끼처럼 나약하기 때문에 일본의 보호를 받아야 한다고 주장했어요.

우리나라 학자들은 일본의 말에 반발하면서 우리나라의 땅 모양이 호랑이를 닮았다고 주장했어요. 호랑이는 용맹하고 강한 동물로 대표되지요.

실제로 우리나라 땅 모양은 용맹스러운 호랑이가 대륙을 향해 포효하며 뛰어나갈 듯한 모습이에요.

호랑이는 우리나라의 진취적이고 강한 기운을 의미한다고 주장했어요.

우리 땅과 우리나라 사람은 서로 조화를 이루고 살아요. 우리 땅은 진취적이고 용맹한 우리 민족의 기상을 닮았어요.

이처럼 우리 조상들은 땅과 사람을 따로 떼어 놓고 생각하지 않았어요. 산과 강이 펼쳐진 땅과 사람이 조화를 이루고 서로 기운을 주고받으며 산다고 생각했지요.

우리가 지리를 배우는 이유 중 하나가 바로 우리 땅을 바로 알기 위해서예요. 우리 땅과 이 땅에서 살아온 우리 조상들의 삶을 알아야 우리나라를 사랑할 수 있어요.

우리나라 땅이 정말 호랑이랑 닮았네!

우리 땅은 얼마나 오래전에 생겨났을까?

지구에 사람이 생겨난 것은 약 400만 년 전이에요. 지구가 만들어진 후 지금까지의 시간을 1년이라고 하면 사람이 생겨난 것은 1년의 마지막 날인 12월 31일에 비유할 수 있어요.
그러니까 지구에서 사람이 살기 시작한 시간은 지구 나이에 비해 얼마되지 않아요.
지구가 처음 만들어졌을 때는 지금과는 많이 다른 모습이었어요. 처음에는 마그마가 펄펄 끓는 불덩어리였던 지구가 천천히 식으면서 지금과 같은 바다와 땅이 생겨났어요. 땅이 처음 생겨난 것은 약 38억 년 전이에요.

우리나라 땅 중에서 가장 오래된 곳은 약 30억 년 전에 생겨난 곳이에요.

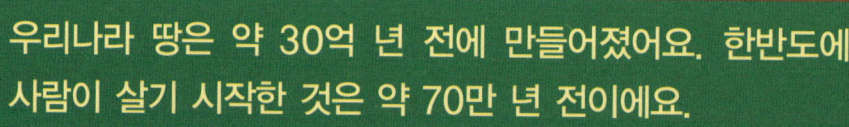
우리나라 땅은 약 30억 년 전에 만들어졌어요. 한반도에 사람이 살기 시작한 것은 약 70만 년 전이에요.

주변의 중국이나 일본보다 훨씬 오래전에 생겨난 곳이 바로 우리가 사는 한반도예요. 중국은 대륙의 반 정도가 우리와 비슷한 30억 년의 나이를 먹었지만, 나머지 반은 4억~5억 년 전에 생겨났어요. 일본 역시 4억~5억 년 전에 생겨났어요.

그리고 우리나라 땅에 사람이 살기 시작한 것은 약 70만 년 전부터였다고 해요.

우리나라 땅은 어떻게 만들어졌을까?

지구는 딱딱한 땅으로 되어 있는 것 같지만, 사실 지구는 얇은 껍데기 같은 땅속에 부글부글 끓고 있는, 죽과 같은 맨틀이 있어요.

맨틀의 온도는 1000~5000℃로 아주 뜨겁기 때문에 바위나 철 등이 녹아서 죽과 같이 되어 있어요. 맨틀은 가만히 있는 것이 아니라 이리저리 움직여요.

맨틀이 움직이면 그 위에 떠 있는 땅들도 덩달아 움직여요. 맨틀이 움직이면서 바다 밑에 있던 땅을 들어 올려 육지로 만들기도 하고, 높은 산을 만들기도 해요.

우리나라 땅은 맨틀이 움직이면서 바다 밑에 있던 땅을 들어 올려 만들었어요. 그런데 동쪽과 북쪽이 더 많이 들어올려

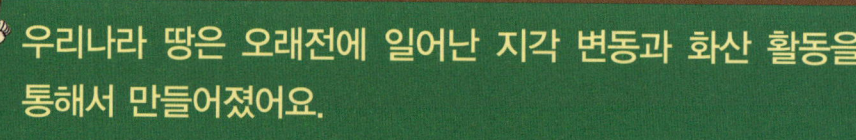

우리나라 땅은 오래전에 일어난 지각 변동과 화산 활동을 통해서 만들어졌어요.

져서 태백산맥과 북쪽 산간 지역이 만들어졌어요. 또 녹아서 강물처럼 흐르는 마그마라는 물질이 있어요. 마그마는 뜨거운 열과 높은 압력을 견디지 못하고 땅이 갈라진 틈이나 약한 곳을 뚫고 터져 나온 액체를 말해요. 이것이 바로 화산 폭발이지요. 우리나라의 백두산, 제주도, 울릉도, 독도는 화산 폭발로 만들어진 곳이에요. 백두산이나 한라산 꼭대기를 보면 움푹 파인 호수가 있어요. 이것은 화산이 폭발했던 분화구에 물이 차서 만들어진 것이에요.

백두산

울릉도

한라산

물과 바람이 조각한 우리 땅

우리나라는 아름다운 산, 강, 들이 어우러져 금수강산이라고 불리어요. 하지만 처음에는 이런 아름다운 모습이 아니었어요. 우리나라 땅은 오랜 시간에 걸쳐서 깎이고 다듬어져 지금의 모습을 갖추게 되었어요.

우리나라 땅을 다듬은 조각가들은 물과 바람이에요.

비는 아무런 힘이 없는 것 같지만 오랜 기간에 걸쳐서 떨어지면 바위도 뚫을 수 있어요. 수만 수억 년 동안 빗방울은 우리나라 산과 땅을 조금씩 조금씩 깎았어요.

빗방울

강물

그리고 떨어진 빗방울은 산을 타고 흐르면서 계곡을 만들고 강을 만들어요. 강물은 산에서 흙을 싣고 내려와 산 아래의 땅에 쌓아요. 강물이 끊임없이 흙을 싣고 내려오면서 울퉁불퉁하던 땅은 평평한 평지가 되었어요.

바닷물 역시 파도를 치면서 해안가의 땅과 섬을 깎고 모래를 쌓아 모래사장을 만들어요.

바람도 아주 오랜 시간에 걸쳐서 땅 모양을 바꾸어 왔어요. 나무를 뽑고 바위도 움직일 정도의 강한 바람이 아니더라도 바람은 땅 모양을 바꾸는 힘이 있어요. 바람은 산봉우리와 바위를 깎고 파도를 일으켜 해변과 섬의 모양을 만들어요.

바닷물

바람

역사 속 우리 땅 모양의 변화

우리 역사에서 가장 먼저 세워진 나라는 고조선이었어요. 고조선이 멸망한 이후에는 부여, 옥저, 고구려, 동예, 마한, 진한, 변한, 백제, 신라, 가야 등 많은 나라들이 생겨났어요. 그중에서 고구려, 백제, 신라는 주변에 있는 나라들을 정복하고 세 나라가 서로 힘을 겨루는 삼국 시대를 열었어요. 특히 고구려는 우리 역사상 가장 넓은 영토를 가진 나라였어요.

신라는 당나라와 손을 잡고 고구려와 백제를 멸망시키고 삼국을 통일했어요. 하지만 고구려의 넓은 땅을 잃고 말았지요. 고구려 땅에는 고구려의 뒤를 이은 발해가 세워졌어요.

통일 신라는 다시 후백제, 후고구려로 나누어졌어요. 다시 세 나라로 나누어진 후삼국을 통일한 나라가 고려예요. 고려가 세워질 무렵 발해는 멸망했어요.

이후 고려의 뒤를 이어 조선이 세워졌어요. 고려와 조선은 우리 영토를 조금씩 넓혀 지금의 우리 영토가 되었어요.

우리 땅의 식량 자원

사람이 살아가는데 중요한 것 중 하나가 바로 식량이에요. 우리나라는 필요한 식량 중 25% 정도만 우리 땅에서 생산하고 있어요. 나머지 대부분의 식량은 외국에서 사 오고 있지요. 우리나라에서 생산되는 식량 중 유일하게 쌀만 우리나라에서 필요한 양만큼 생산하고 있어요.

다른 곡식들을 보면 밀은 필요한 양의 0.5%, 옥수수는 1.0%, 콩은 8.4%

<곡식별 식량자급률 그래프>

정도밖에 생산하지 못해요. 대부분의 곡식을 외국에 의존하고 있는 것이지요.

쌀을 뺀 나머지 식량을 보면 필요한 양의 5% 정도밖에 생산하지 못하고 있어요.

식량은 무기보다도 중요해요. 만약 외국에서 우리나라에 식량을 팔지 않으면 우리나라 사람들은 굶주릴 수밖에 없어요. 또 가격을 비싸게 올려도 어쩔 수 없이 살 수밖에 없지요. 그래서 요즘은 식량 전쟁이라는 말도 나오고 있어요. 우리나라는 하루 빨리 필요한 식량을 스스로 해결할 수 있는 방법을 찾아야 해요.

교실 밖 톡톡상식

세계 각국의 식량자급률

한 나라에서 필요한 식량의 양 중에서 그 나라에서 생산되는 식량의 양이 차지하는 비율을 '식량자급률'이라고 해요. 프랑스, 미국, 영국, 스웨덴, 독일 등 선진국들은 식량자급률이 100%가 넘어요. 특히 프랑스는 식량자급률이 329%나 돼요. 자기 나라에 필요한 식량보다 많은 식량을 생산하고 있다는 뜻이지요. 그에 반해 우리나라는 25%밖에 안 돼요. 선진국 30개 나라 중에서 꼴지 수준이지요.

우리나라는 지하자원이 부족해

석유, 철, 구리, 납, 석회석, 금 등은 모두 우리 생활에서 널리 쓰이고 있어요. 석유는 자동차를 움직이는 데 쓰이고, 철, 구리 등은 다양한 도구와 기계를 만들고, 석회석은 집을 짓는 시멘트의 원료가 되지요. 그런데 이런 것은 모두 땅속에 묻혀 있어요. 이렇게 땅속에 묻혀 있으면서 쓸모가 있는 것을 지하자원이라고 해요.

우리나라는 여느 나라 못지않게 많은 종류의 지하자원이 땅속에 묻혀 있어요. 그런데 우리나라는 지하자원이 부족하다고 해요. 그 이유는 우리나라의 지하자원은 종류만 많을 뿐 그 양이 많지 않고, 경제성이 떨어져 실제로 이용할 수 없는 자원들이 대부분이기 때문이에요.

핵심 포인트

우리나라는 석유, 철, 구리 등의 지하자원이 부족해요. 그래서 대부분의 지하자원을 외국에서 수입하고 있어요.

우리나라에 있는 지하자원은 그것을 파내서 얻는 이익보다 그것을 얻기 위해 투자하는 돈이 더 많이 들어요.

우리나라에서 풍부한 지하자원은 석탄과 석회석 정도예요. 석탄과 석회석은 지금도 꾸준히 캐내고 있어요.

그 밖의 지하자원은 대부분 외국에서 수입해서 사용하고 있어요.

우리나라는 지하자원이 부족한 대신 기술력이 발달했어요. 그래서 외국에서 수입한 자원을 원료로 상품을 만들어 다시 외국에 수출하고 있어요.

가장 많이 쓰는 에너지 자원 석유

교실 밖 톡톡상식

에너지란 '물체를 움직이거나 일을 할 수 있는 힘'을 뜻해요. 에너지는 불을 밝히고, 뜨겁게 하고, 무엇을 움직이게 하고, 소리를 내게 하는 등 우리 생활 곳곳에서 사용되지요. 이렇게 사용되는 에너지를 만들어 내는 것을 에너지 자원이라고 해요.

석유, 석탄, 천연가스 등이 대표적인 에너지 자원이지요. 그런데 우리나라에는 에너지 자원이 거의 없어요. 석탄은 많지만 대부분 질이 좋지 않은 무연탄뿐이고 질이 좋은 유연탄은 없어요.

대체에너지란?

대체에너지란 석유, 석탄, 천연가스 등을 대신 할 수 있는 에너지를 말해요. 대체에너지의 종류에는 태양열을 이용해서 전기를 만드는 태양열 발전, 강한 바람을 이용하는 풍력 발전, 바닷물이 들어오고 빠지는 힘을 이용한 조력 발전 등이 있어요. 이 밖에도 땅속 깊은 곳에 있는 열을 이용하는 지열에너지, 높은 댐에서 떨어지는 물의 힘을 이용한 수력에너지 등도 개발되고 있어요.

그래서 우리나라는 에너지 자원의 대부분을 외국에서 수입하고 있어요.

석유는 우리나라 에너지 중에서 가장 많이 사용되는 에너지예요. 석유를 이용해서 전기를 만들고, 공장을 돌리고, 자동차를 움직여요.

우리나라는 세계에서 아홉 번째로 에너지를 많이 쓰는 나라이고, 세계에서 일곱 번째로 많은 석유를 소비하는 나라예요.

우리나라가 물이 부족한 나라라고?

'우리나라는 유엔이 정한 물 부족 국가이다.'

이런 말을 들어 봤나요? 유엔에서 우리나라를 물이 부족한 나라로 정했다는 것이지요. 전 세계에는 물이 부족한 나라가 많아요. 아프리카의 여러 나라에서는 마실 물이 없어서 몇 시간을 걸어가 물을 길어 와야 해요.

우리나라도 이런 나라들처럼 물이 부족한 나라일까요?

먼저 짚고 넘어갈 것은 유엔에서는 우리나라를 물이 부족한 나라라고 정한 적이 없어요. 우리나라를 물 부족 국가라고 한 것은 미국의 한 연구소예요. 이 연구소에서는 1년 동안 내린 비의 양을 전체 국민수로 나눠서 일인당 돌아가는 비의 양을 조사했어요.

우리나라는 좁은 땅에 많은 사람이 살고 있기 때문에 1인당 돌아가는 비의 양이 적을 수밖에 없었지요. 이것이 우리나라가 물 부족 국가가 된 이유예요.

우리나라는 1년에 비나 눈이 1,200mm이상 내리는 지역이에요. 이 정도면 충분히 많은 비가 내리는 것이에요.
세계 평균 강수량 970mm보다 훨씬 많은 양이지요. 하지만 우리나라는 비가 대부분 여름철에 집중적으로 내리고 다른 계절에는 비가 적게 내려요. 여름철에 내리는 비는 대부분 바다로 흘러가 버려요. 그래서 비가 잘 내리지 않는 다른 계절에는 물이 부족할 수 있어요. 그래서 우리나라가 물이 부족하다는 말은 맞을 수도 있지요.

우리나라는 비가 여름철에 집중적으로 내리니까 물을 관리하는게 중요해.

저수지

댐

독도는 우리 땅!

독도는 울릉도에서 동남쪽으로 약 90㎞ 떨어진 곳에 있는 작은 섬이에요. 독도는 작은 섬이지만 아주 중요한 섬이에요.

독도 주변 바다는 물고기가 많이 잡히는 황금어장이고, 많은 자원이 매장되어 있어요. 또한 군사적으로도 큰 가치가 있는 곳이에요. 독도는 러시아, 일본 그리고 북한 해군의 이동을 신속하게 알 수 있는 위치에 있어요.

이런 독도의 중요성을 안 일본은 독도가 자기네 땅이라고 우기고 있어요. 하지만 역사적으로 독도는 분명한 우리 땅이에요.

독도가 처음으로 우리나라 땅이 된 것은 삼국 시대부터였어요. 신라 지증왕 시절인 513년에 우산국을 정벌해 신라의 땅이 되었다는 기록이 있어요. 우산국은 울릉도와 독도를 말해

핵심 포인트

독도는 경제적, 군사적으로 중요한 곳이에요. 일본은 독도가 자기네 땅이라 우기지만 역사적으로 우리 땅이 분명해요.

요. 이때부터 독도는 우리 땅이었어요. 조선 시대에 만들어진 《세종실록지리지》에는 '강원도 울진현 동쪽에는 우산, 무릉 두 섬이 있다.'고 기록되어 있어요. 여기서 말한 우산, 무릉은 울릉도와 독도를 말해요.

그리고 1900년, 고종은 울릉도를 울도군으로 바꾸고 독도를 울도군의 관할 구역으로 한다고 발표했어요. 이것은 독도가 우리나라 땅이라는 것을 국제적으로 분명하게 밝힌 것이었어요.

아름다운 우리나라 자연환경

날씨를 결정하는 기온·강수·바람

"내일은 전국이 대체로 맑고 화창하겠습니다. 한낮 최고 기온은 서울 20℃, 부산 22℃ 등 전국이 어제보다 높겠습니다."

텔레비전 뉴스에서 이런 일기예보를 본 적이 있을 거예요. 일기예보는 그날이나 다음 날의 날씨를 알려 주는 것이에요.

일기예보를 잘 들어 보면 빠지지 않고 이야기하는 것들이 있어요. 비나 눈이 내리는지, 만약 비나 눈이 내린다면 얼마 만큼 내리는지, 기온은 얼마나 되는지, 바람은 얼

교실 밖 톡톡상식

날씨와 기후는 어떻게 다를까?

날씨는 어제는 비가 왔지만 오늘은 맑은 것처럼 하루가 다르게 변할 수 있어요. 그에 반해 기후는 어떤 곳에서 오랫동안 반복적으로 나타나는 종합적인 날씨를 말해요. 우리나라는 여름에 덥고, 겨울엔 추워요. 수백 년 전에도 그랬고, 지금도 그래요. 이런 것을 기후라고 해요.

마나 세게 부는지 등은 일기예보에서 빠지지 않는 것들이에요. 그것들이 날씨를 결정하는 가장 중요한 것이기 때문이지요.

날씨를 결정하는 가장 중요한 기온, 강수, 바람을 3대 기후요소라고 해요. 그 밖에도 습도, 기압, 햇볕의 세기 등이 날씨를 결정하는 기후요소예요.

그런데 이 모든 것은 태양 때문에 생겨난 것이에요. 태양이 비추기 때문에 기온의 변화가 생기고, 태양이 공기를 데우기 때문에 바람이 불고, 햇볕을 받아 물이 증발하기 때문에 구름이 생겨 비나 눈이 내리는 것이지요.

또한 날씨는 지역의 위치, 땅의 높이, 땅의 모양 등 여러 가지 지리적 조건의 영향을 받아요.

날씨에 영향을 주는 공기 덩어리

우리나라는 계절마다 온도나 습도가 달라요. 그 이유는 계절마다 우리나라에 영향을 주는 공기 덩어리가 다르기 때문이에요. 같은 성질을 가지고 있는 거대한 공기 덩어리를 흔히 '기단'이라고 불러요.

우리나라 주변에는 양쯔 강 기단, 북태평양 기단, 오호츠크 해 기단, 시베리아 기단 등 네 개의 기단이 있어요.

양쯔 강 기단은 중국 양쯔 강 쪽에 있는 공기 덩어리예요. 양쯔 강 기단은 봄과 가을에 우리나라에 와요.

양쯔 강 기단은 따뜻하고 건조한 공기예요. 그래서 따뜻하고 건조한 봄, 가을 날씨를 만들어요.

여름이 되면 북태평양 기단이 우리나라로 다가와요. 북태평양 기단은 남쪽 바다에서 만들어진 공

기 덩어리이기 때문에 덥고, 습기가 많아요. 그래서 무덥고 비가 많이 내리는 여름 날씨를 만들지요.

오호츠크 해 기단은 차갑고 습기가 많은 성질을 가지고 있어요. 초여름에 우리나라를 찾아오는데 습기가 많은 북태평양 기단과 만나 많은 비를 뿌리는 장마를 몰고 와요.

시베리아 기단은 추운 땅에서 만들어진 공기 덩어리라서 춥고 건조해요. 시베리아 기단은 겨울철에 우리나라를 찾아와 춥고 건조한 겨울 날씨를 만들어요.

지역에 따라 기온이 달라

우리나라의 땅은 그리 넓지 않아요. 하지만 지역에 따라서 기온 차이가 큰 편이에요. 우리나라는 남북으로 길고, 북쪽에는 산이 많아서 땅의 높이가 높기 때문이지요. 남쪽으로 내려갈수록 따뜻하고 북쪽으로 올라갈수록 추워요. 그리고 높은 산이 있는 지역은 평지보다 기온이 낮아요.

우리나라 전체의 일 년 평균 기온은 약 13.5℃정도예요. 지역별로 보면 연평균 기온이 가장 높은 곳은 제주도로 16℃ 정도이고, 가장 낮은 곳은 백두산 근처 지역으로 연평균 기온이 1~2℃ 정도밖에 되지 않아요.

그런데 계절에 따라서 기온 차이가 달라진답니다. 여름에는 기온 차이가 그리 크지 않아요.

우리나라는 지역에 따라 기온 차이가 나요. 그리고 여름철보다 겨울철 기온 차이가 더 커요.

가장 남쪽인 제주도가 30℃ 정도면 북쪽 산간 지역은 24℃ 정도로 차이가 크지 않아요.
하지만 겨울에는 남쪽과 북쪽의 기온 차이가 많이 나요.
제주도 같은 남쪽 지역에는 겨울에도 0℃ 밑으로 내려가는 일이 적지만 북쪽 산간 지역은 영하 30℃까지 내려가기도 해요.
여름철에는 4~5℃ 차이가 나지만 겨울에는 많게는 30℃ 정도까지 차이가 나는 것이지요.

우리나라는 지역과 계절에 따라 기온 차이가 많이 나는구나.

겨울에는 서해안보다 동해안이 따뜻해

겨울철에는 서해안 지역보다 동해안 지역 기온이 높아요. 거의 같은 위도에 있는 서해안의 인천과 동해안의 강릉을 비교해 보면, 강릉이 3~4℃ 높지요.

동해안 지역 기온이 높은 이유는 태백산맥이 차가운 북서풍을 막아 주기 때문이에요. 또한 태백산맥을 넘어가면서 생기는 푄 현상은 동해안의 온도를 높여 주는 역할을 해요. 그리고 동해안은 서해안에 비해서 해수가 깊고, 따뜻한 바닷물인 난류가 흘러요. 이런 이유들 때문에 동해안이 서해안보다 겨울철 온도가 높아요.

푄 현상이란 바람이 산을 넘어올 때 온도가 올라가고 건조해지는 현상을 말해요. 바람이 산을 따라 올라갈 때는 100m

핵심 포인트

태백산맥과 동해안의 난류 때문에 동해안이 서해안보다 겨울철 온도가 높아요.

올라갈 때마다 기온이 약 0.5℃씩 낮아져요. 그런 다음 산을 타고 내려갈 때는 100m 내려갈 때마다 기온이 약 1℃씩 올라가요. 만약 산의 높이가 1000m라면 바람이 산을 타고 넘어오면 온도가 5℃ 정도 올라가는 것이지요.

겨울에는 북서쪽에서 바람이 많이 불기 때문에 이 바람이 태백산맥을 넘어 동해로 가면서 동해안의 기온을 올려 주는 역할을 하지요.

<겨울철 푄 현상>

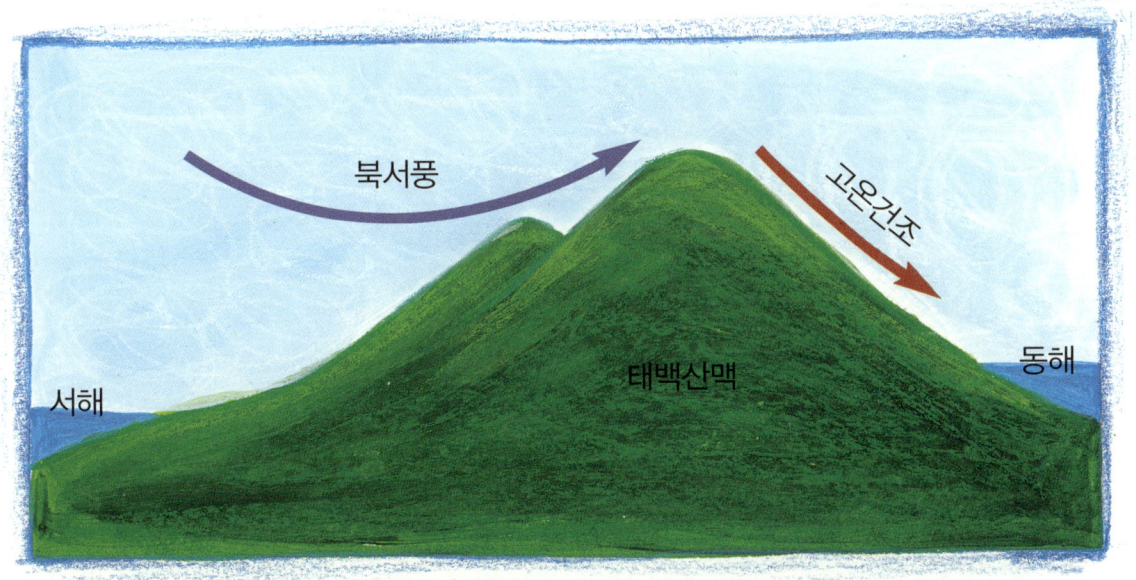

우리나라에서 가장 더운 곳과 추운 곳

일반적으로 남쪽일수록 따뜻하고 북쪽일수록 추워요.

우리나라에서 가장 남쪽에 있는 제주도는 평균 기온이 가장 높은 곳이에요. 하지만 이것은 평균적인 기온일 뿐, 한여름에 온도가 가장 높이 올라간다는 뜻은 아니에요.

여름에 가장 더운 곳은 대구예요. 대구는 가장 더웠을 때 40℃까지 올라가기도 했어요. 대구가 이렇게 더운 이유는 분지 지형에 위치해 있기 때문이에요. 산으로 둘러싸인 대구는 더운 공기가 잘 빠져나가지 못해요.

또한 대구는 인구가 250만 명이 넘고, 고층 건물, 공장, 자동차가 많아요. 이런 곳에서 나오는 인공 열까지 합쳐져 대구는 가장 더운 곳이 되었어요.

핵심 포인트

기온은 위치와 지리상의 특징에 의해 결정돼요. 우리나라에서 가장 더운 곳은 대구, 가장 추운 곳은 중강진이에요.

한반도에서 가장 추운 곳은 북한 압록강 상류 근처에 있는 중강진이에요. 중강진의 기온은 겨울에 영하 43℃까지 내려간 적도 있어요. 중강진은 개마고원이라 불리는 높은 산지에 있고 겨울에 쉽게 차가워지는 육지 깊숙이 있기 때문에 바다에서 먼 중강진은 가장 추운 곳이 되었어요.
이처럼 지역의 기온은 지역의 지리적인 특징에 의해서 결정 돼요.

비가 많은 여름과 비가 적은 겨울

우리나라는 계절에 따라서 비가 오는 양이 달라요. 비가 가장 많이 오는 계절은 여름이고, 그 다음이 가을과 봄이에요. 겨울은 비가 가장 적게 내리는 계절이에요.

우리나라는 여름철에 비가 집중적으로 많이 내려요. 여름인 6월에서 9월까지 1년 동안 내리는 비의 60% 정도가 내리고, 다른 계절에는 비가 적게 내려요.

비가 내리는 양이 계절에 따라 차이가 나기 때문에 여름에는 홍수가 나서, 집이나 논밭이 물에 잠기는 수해가 일어나고 다른 계절에는 비가 적어 모내기를 하지 못하고, 들에 농작물이 마르는 등 가뭄의 피해를 입기도 해요.

비가 내리는 양이 계절에 따라 달라지는 이유는 계절에 따

핵심 포인트

> 우리나라는 많은 양의 비가 내리지만 계절에 따라 비의 양이 차이가 나기 때문에 홍수나 가뭄의 피해를 입기도 해요.

라 우리나라에 영향을 주는 공기덩어리들 때문이에요.

여름에 주로 찾아오는 북태평양 기단은 한랭 습윤한 오호츠크 해 기단과 만나 장마전선을 형성하기도 해요.

그리고 겨울철의 시베리아 기단은 아주 건조하기 때문에 비가 적게 내려요.

홍수

가뭄

땅의 모양에 따라 비의 양이 달라져

비가 내리는 양은 지역에 따라서도 차이가 커요. 어떤 지역은 비가 많이 내리고, 어떤 지역은 비가 적게 내리지요.

지역에 따라서 내리는 비의 양이 차이가 나는 이유는 지역마다 땅의 모양이 다르기 때문이에요.

비가 많이 오는 지역에는 대체로 적당히 높은 산들이 있어요.

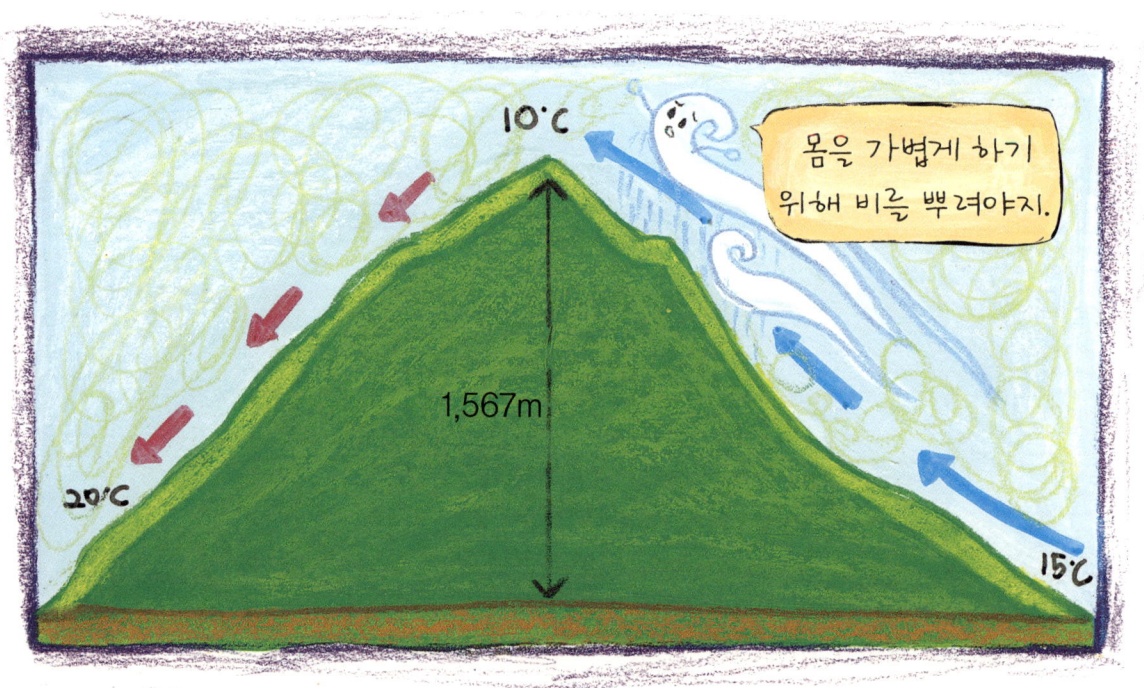

왜냐하면 공기는 높은 산을 넘어갈 때면 기온이 내려가기 때문에 수증기가 뭉쳐서 구름이 생겨요. 이 구름에서 비나 눈이 내리는 것이지요. 주변에 높은 산들이 있는 한강 중상류, 청천강 중상류, 임진강 유역, 제주도, 섬진강 유역, 동해안 지역은 우리나라에서 비가 많이 내리는 지역이에요.

하지만 산이 없거나 높은 산들이 많이 모여 있는 지역은 비가 적게 내려요. 높은 산이 없으면 비를 머금은 바람이 그냥 지나가 버리고, 높은 산들이 너무 많이 모여 있으면 바람이 비를 다 뿌리고 그곳에 도착하기 때문이지요. 이런 이유로 개마고원, 경북 내륙지역, 대동강 하구 등은 비가 적게 내리는 것이지요.

남해안 지역은 땅 모양과 상관없이 비가 많이 내리는 지역이에요. 이 지역은 장마가 오래 머물고 태풍이 자주 지나가는 지역이기 때문이지요.

> **핵심 포인트**
> 땅의 모양, 바람의 성질 등의 영향으로 지역에 따라 비가 내리는 양이 달라요.

계절에 따라 바람의 방향이 변해

바람은 공기가 움직이는 것이에요. 공기는 끊임없이 움직이는데 이 움직임이 바로 바람이지요. 공기가 움직이는데 크게 영향을 주는 것은 기온이에요.

공기는 기온이 올라가면 가벼워져서 위로 올라가요. 그러면 그 빈자리로 차가운 공기가 들어와요.

한편 뜨거워진 공기는 위로 올라가면서 식어서 다시 아래로 내

교실 밖 톡톡상식

려오게 되지요. 이렇게 공기는 끊임없이 움직여요. 이런 공기의 흐름 때문에 바람이 생겨요.

그런데 계절마다 바람의 방향이 달라요. 겨울에는 시베리아 지역에서 오는 북서풍이 불고, 여름에는 태평양에서 오는 남동풍이 불어요. 이렇게 계절별로 바람이 바뀌는 것을 계절풍이라고 해요.

계절풍이 부는 이유는 땅과 바다의 온도가 다르기 때문이에요. 여름에는 육지의 온도가 바다보다 더 뜨거워져서 육지에 있는 공기가 위로 올라가기 때문에 바다인 태평양 쪽에서 습한 바람이 불어요. 반대로 겨울에는 바다가 육지보다 따뜻하기 때문에 육지인 시베리아 쪽에서 차갑고 건조한 바람이 불어오는 것이에요.

기압이란 무엇일까?

기압은 공기의 압력을 말해요. 공기의 압력이 높으면 고기압이라고 하고, 압력이 낮으면 저기압이라고 해요. 더워진 공기는 가벼워져서 위로 올라가고, 차가운 공기는 아래로 내려와요. 따라서 상대적으로 찬 쪽이 고기압이 되고, 상대적으로 더운 쪽이 저기압이 돼요.

태풍은 왜 여름에 집중적으로 발생할까?

태풍은 엄청나게 강한 바람과 함께 많은 비를 뿌리기 때문에 물난리와 바람의 피해를 함께 입혀요. 그런데 태풍은 7월~9월까지 여름에 집중적으로 발생해요. 그리고 더운 열대 바다에서 생겨요.

태풍은 1년에 약 30여 개 정도가 만들어지는데, 그 중에서 2~3개 정도가 우리나라를 찾아와요.

바다가 햇빛을 받아 뜨거워지면 데워진 공기는 위로 올라가요. 그 빈자리를 채우기 위해서 주변에 있는 공기들이 몰려들지만 그 공기들도 금방 뜨거

교실 밖 톡톡상식

태풍의 이름은 어떻게 지을까?

태풍의 이름은 1953년부터 붙이기 시작했어요. 처음에는 모두 서양식 이름을 붙였는데 2000년부터 태풍의 영향을 받는 14개의 나라로부터 이름을 받아서 순서대로 붙이고 있어요. 우리나라는 개미, 장미, 나비, 노루, 수달, 제비 등의 이름을, 북한은 기러기, 매미, 메아리, 민들레, 날개 등을 이름으로 제출했어요.

워져서 위로 올라가요. 그래서 계속해서 주변의 공기를 빨아들이면서 거대한 회오리처럼 소용돌이치기 시작해요.

뿐만 아니라 바다가 뜨거워지면 엄청나게 많은 물도 증발해서 공기 중으로 올라가 비구름을 만들어요. 이것이 바로 태풍이에요. 태풍은 온도가 낮아지거나 증발하는 수증기 양이 적으면 만들어지지 않거나 힘을 잃게 돼요. 이 때문에 태풍은 주로 여름에 나타나는 것이에요.

지역마다 다른 집의 모양

교실 밖 톡톡상식

우리나라 전통 집을 보면 지역에 따라서 그 모양이나 구조가 달라요. 그 이유는 지역마다 기후가 다르기 때문이에요.

북부 지역은 겨울이 길고 추워요. 그에 반해 남부 지역은 여름이 길고 무덥지요. 추운 북부 지역의 집들은 방이 '田'자 모양으로 붙어 있어요. 그 이유는 외부의 찬 공기를 막고 방을 최대한 따뜻하게 하기 위해서 방들을 모은 것이지요. 북부 지역 집은 마루가 없는 대신 정주간이라는 공간이 있어요.

우리나라 집의 특징, 온돌

우리나라 전통 집에는 모두 온돌이 깔려 있어요. 추운 겨울에 불을 때면 온돌이 뜨거워져서 방안을 따뜻하게 해주고, 여름에는 방바닥을 차갑게 해주어서 방안을 서늘하게 해주어요. 기후적인 특성으로 지역에 따라 북부형, 중부형, 남부형 온돌이 있어요. 온돌은 우리나라에만 있는 과학적이고도 효율적인 장치예요.

정주간은 부엌 옆에 있어서 부엌에서 불을 땔 때 생기는 온기를 모아서, 겨울에 거실이나 창고 역할을 하는 곳이지요.

남부 지역의 집에는 방보다 큰 대청마루가 있어요. 대청마루는 바람이 잘 통하게 만들어져 여름에 더위를 피하는 역할을 해요. 방들은 옆으로 나란히 있는 모양이에요. 방에는 문이 앞뒤로 나 있어, 두 개의 문을 열면 바람이 통하도록 만들었어요.

<우리나라의 전통 가옥 구조>

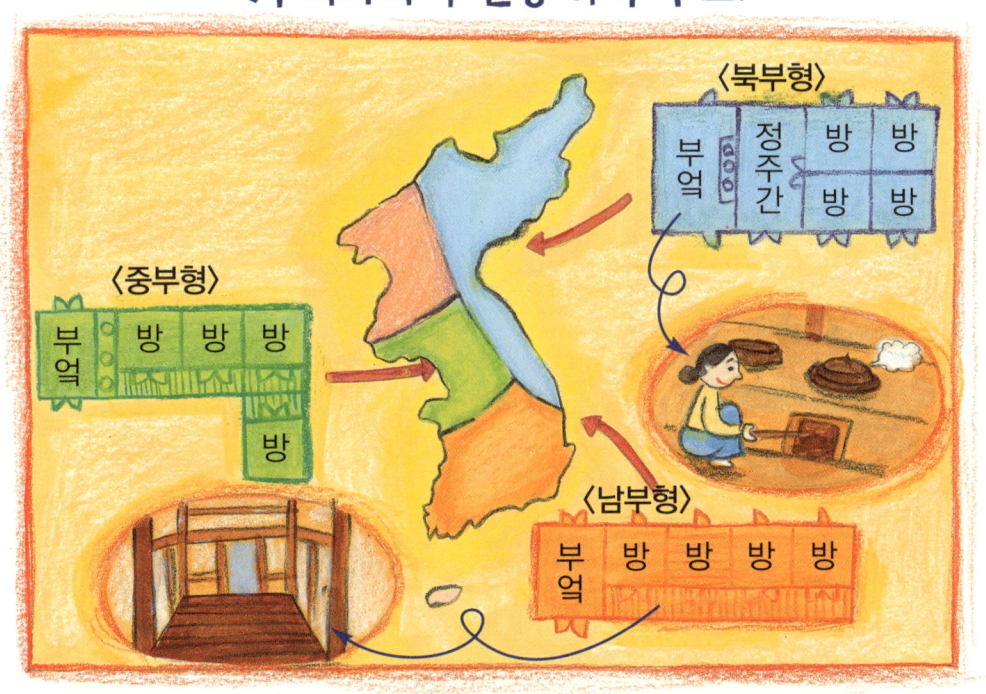

제주도와 울릉도에 있는 독특한 집

제주도나 울릉도 같은 섬은 육지와는 다른 자연환경을 가지고 있어요. 그래서 제주도와 울릉도에는 육지에서 볼 수 없는 독특한 집이 있어요.

제주도는 바람이 많이 부는 지역이에요. 강한 바람을 막기 위해서 돌로 담을 쌓아 바람막이로 이용했어요. 지붕에는 억새를 이용해 그물 모양으로 엮어 놓았어요. 바람에 지붕이 날아가는 것을 막기 위해서였지요.

그리고 제주도에는 '고팡'이라는 창고방이 있어요. 제주도는 농사를 지을 땅이 부족했기 때문에 곡식이 귀했어요. 그래서 고팡을 안방 옆에 두고 식량을 귀하게 여겼어요.

울릉도는 여름철에 내리는 비의 양보다 겨울철에 내리는 눈의 양이 더 많은 지역이에요. 겨울철이 여름철보다 강수량이 더 많은 곳은 우리나라에서 울릉도 한 곳뿐이에요. 그래서 울릉도에서는 우데기라는 독특한 집 구조를 볼 수 있어요.

우데기란 방과 부엌 둘레에 친 또 하나의 벽이에요. 우데기는 눈이 집안으로 들어오는 것을 막아 주는 역할을 해요. 집과 우데기 사이에 공간이 생기면 눈이 쌓여 밖으로 나가지 못할 때도 이 공간에서 집안일을 할 수 있어요.

지구의 온도가 계속 올라가고 있어

남극과 북극은 온통 얼음으로 덮여 있어요. 그런데 남극과 북극의 얼음이 녹아내리고 있어요. 얼음이 녹는 것이 무슨 문제냐고 생각할 수 있지만 남극과 북극에 있는 얼음이 녹는 것은 아주 큰 문제예요.

남극과 북극의 얼음이 녹으면서 바닷물의 높이가 점점 높아지기 때문이에요. 이대로 계속 가면 2030년에는 바닷물의 높이가 1m 이상 올라갈 수 있어요. 그렇게 되면 많은 땅들이 바닷속에 잠기게 돼요.

남극과 북극의 얼음이 녹아내리는 이유는 지구의 온도가 계속 올라가고 있기 때문이에요. 지구의 온도가 올라가면서 생기는 문제는 이뿐만이 아니에요.

핵심 포인트

> 인구가 많아지고, 석유와 석탄의 사용이 늘어나면서 숲이 줄어들고 지구의 온도는 계속 올라가고 있어요.

지구의 온도가 올라가면서 기상이변이 일어나 홍수나 가뭄 같은 자연 재해도 많이 발생하고 있어요. 지구의 온도가 올라가는 이유 중 하나는 이산화탄소 때문이에요.
이산화탄소는 우리가 숨을 쉴 때, 자동차가 움직일 때, 공장을 돌릴 때 발생해요.
지구의 인구가 많아지고 석유나 석탄을 쓰는 자동차, 공장 등이 늘어나면서 이산화탄소는 점점 더 늘어나고 있어요.
뿐만 아니라 이산화탄소를 마시고 산소를 내뿜는 나무가 있는 숲이 점점 줄어들면서 지구의 온도가 계속 높아지고 있어요.

환경문제가 심각해지고 있어

'환경을 보호하자' 는 말을 많이 들었을 거예요. 지금 지구의 환경문제는 아주 심각한 상황이에요. 지구가 뜨거워지는 것 말고도 환경이 파괴되면서 많은 문제들이 나타나고 있어요.

석탄과 석유 등을 많이 사용하면서 공기가 오염되었어요. 공기가 오염되면서 오염 물질이 비에 녹아 산성비가 내려요.

산성비는 흙과 물을 오염시켜 식물과 물고기를 죽게 하고, 건물을 부식시켜요. 또한 공기의 오염으로 해로운 자외선을 막아주는 오존층이 파괴되고 있어요.

물의 오염도 심각해져 물고기들이 죽고, 농작물도 큰 피해를 입고 있어요. 이대로 계속 물이 오염되면 10년 이내에 세계 인구의 $\frac{1}{5}$ 이상이 깨끗한 물을 더이상 마실 수 없게 될지도 모른다고 해요.

사람들의 무분별한 개발로 지구의 사막이 점점 늘어나고 있어요. 해마다 약 6만㎢나 되는 어마어마하게 넓은 땅이 사막으로

변해가고 있어요. 머지않아 지구의 $\frac{1}{3}$ 이 사막으로 변하게 될 수도 있어요.

환경을 보호하는 일은 무엇보다 중요해요.

# 물고기 종류가 달라지고 있어

'명태는 개가 물어가도 쫓아가지 않는다.' 라는 말이 있을 정도로 양이 많아서 흔한 생선이었어요. 하지만 우리나라 바다에서 명태가 점점 줄어들고 있어요.

이렇게 명태가 줄어든 이유는 지구가 뜨거워지면서 우리나라 주변 바닷물의 온도가 올라갔기 때문이에요.

동해의 바닷물 온도가 올라가자 차가운 바다에서 사는 명태가 동해로 찾아오지 않고 있는 것이지요. 이대로 계속 온도가 올라가면 동해에서 명태는 영영 사라질지도 몰라요.

명태가 사라진 대신 더운 바다에서 사는 물고기들이 많아지고 있어요. 대표적인 것이 참치 종류인 다랑어예요.

다랑어는 우리나라 근처 바다에서는 잡히지 않았지만, 바

핵심 포인트

우리나라 주변 바닷물의 온도가 올라가면서 명태와 같은 물고기는 사라지고, 참치 같은 물고기가 잡히고 있어요.

닷물의 온도가 올라가면서 남해안에서 심심찮게 잡히고 있어요. 또한 제주도 근처의 따뜻한 바다에서 사는 자리돔이 울릉도 근처에서도 잡히고, 겨울에 잡히지 않던 고등어와 멸치 같은 물고기가 추운 겨울에도 잡히고 있어요.

지도로 보는 우리나라

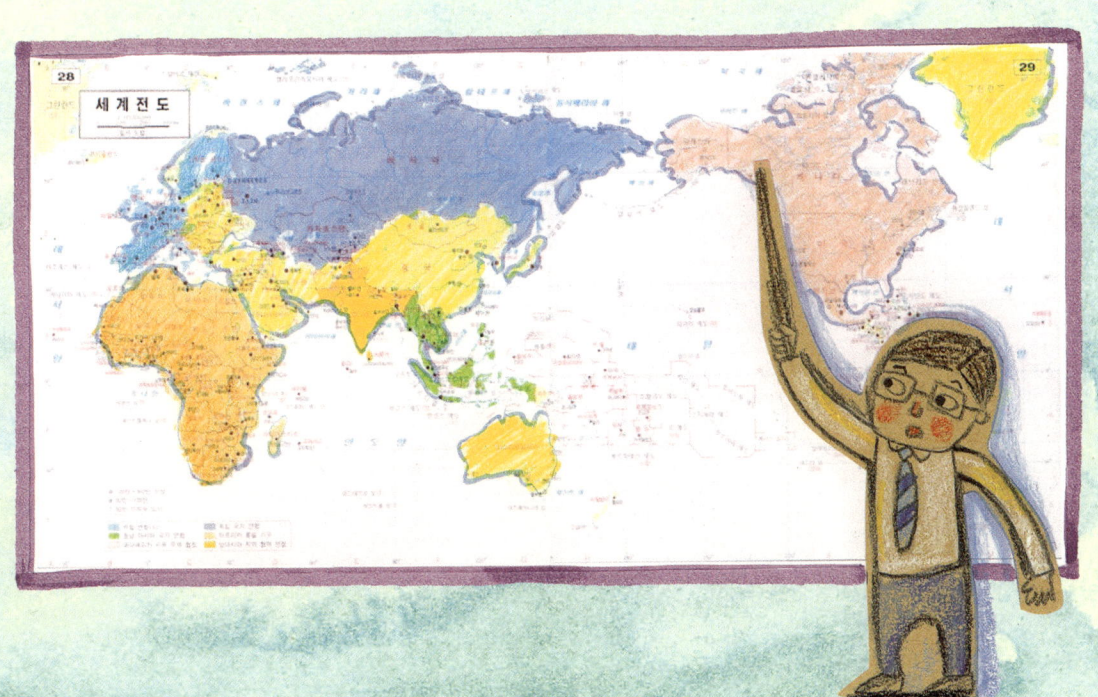

# 지도에는 왜 줄이 그어져 있을까?

세계지도를 보면 지도 위에 가로세로 선들이 그려져 있어요. 가로선은 위도를 표시하는 선이에요. 적도를 중심으로 지구를 가로로 나누는 것을 위도라고 해요. 적도에서부터 북극까지 90도로 나누고, 적도에서 남극까지 90도로 나누어요.

적도에서 북쪽으로 올라가는 위도를 '북위' 라고 부르고, 적도에서 남쪽으로 내려가는 위도를 '남위' 라고 불러요. 38선이라는 말을 들어봤을 거예요. 38선이란 북위 38도를 지나는 선이에요. 지금의 휴전선과 비슷한 위치에 있어요.

세로로 그어진 선은 경도를 표시해요. 경도는 지구를 세로로 나누는 것을 말해요. 경도를 나누는 기준은 영국에 있는 그리니치 천문대예요.

그리니치 천문대를 기준으로 동쪽

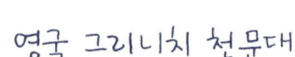
영국 그리니치 천문대

으로 180도, 서쪽으로 180도로 나누어요. 영국 그리니치 천문대를 기준으로 동쪽에 있는 경도를 '동경', 서쪽에 있는 경도를 '서경'이라고 불러요. 그런데 이렇게 위도와 경도를 나누는 이유는 무엇일까요?

물건을 찾을 때 '몇 번째 칸 몇 번째 줄에 있다.'라고 말하면 찾기가 쉬워요. 똑같이 '북위 몇 도, 동경 몇 도에 있다.'라고 말하면 지도에서 그곳을 쉽게 찾을 수 있어요.

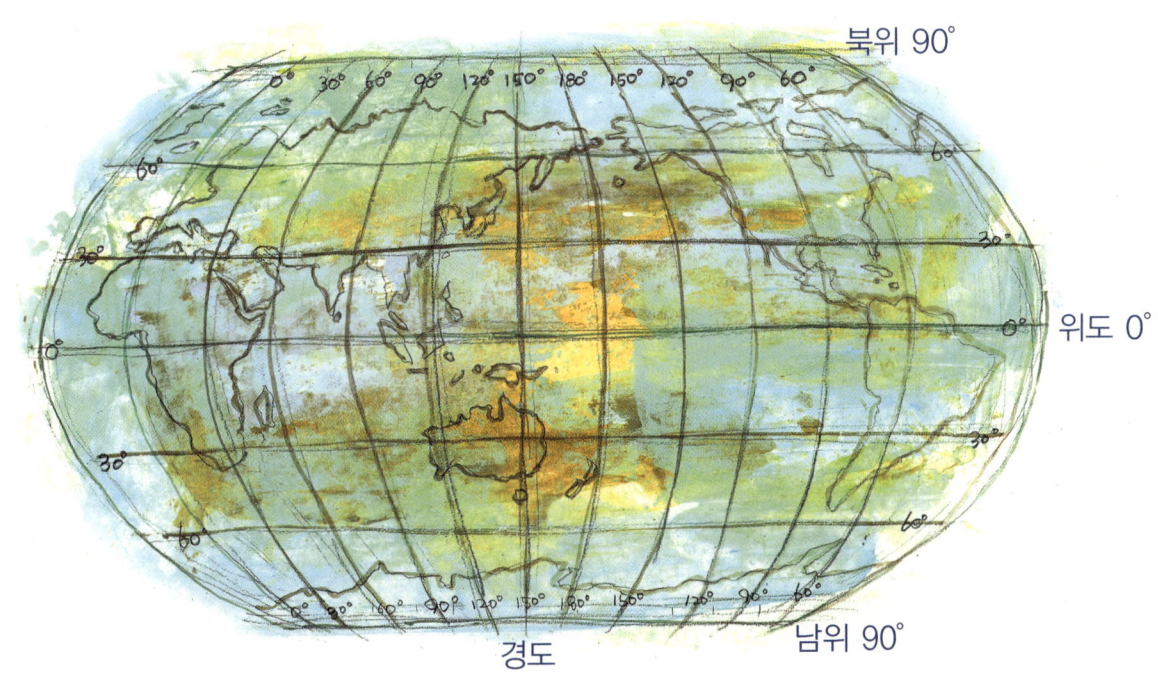

어떤 종류의 지도가 있을까?

지도는 그려진 내용이나 만드는 방법에 따라 종류가 나눠져요. 지도에 그려진 내용에 따라서 일반도와 주제도로 나눌 수 있어요. 우리가 흔히 보는 우리나라 지도에는 어느 곳에 어느 도시가 있고, 산과 강은 어디에 있는지 등이 나와 있어요. 이런 지도를 일반도라고 해요.

일반도는 땅의 생김이나 모양, 강의 모양이나 길이, 도로와 철도 등 땅 위에 있는 여러 가지 것들을 표시한 지도예요.

일반도와 달리 특징한 주제에 대해서만 자세히 그린 지도를 주제도라고 해요.

주제도는 도로나 철도, 유명한 관광지, 각 지역에 사는 사람의 수 등 특정한 분야를 상세하게 그려서 그 내용이 필요한

핵심 포인트

지도의 종류는 일반도와 주제도, 대축척지도와 소축척지도, 실측도와 편찬도 등으로 나뉘어요.

사람들이 편리하게 이용할 수 있게 만든 지도예요.
그리고 지도는 실제보다 얼마나 축소해서 그렸는지를 나타내는 축척에 따라서 대축척지도와 소축척지도로 나누어져요.
또한 지도를 만드는 방법에 따라서 실제로 측량을 해서 만든 실측도와 여러 개의 실측도들을 모아서 만든 편찬도로 나뉘어요.

◀주제도

▲일반도

실제 모양을 그대로 옮긴 지구의

종이는 지구의 거리, 면적, 방향 등을 정확히 표현할 수는 없어요. 사람들은 실제와 똑같은 지도를 만들기 위해서 오랜 시간 동안 고민을 했어요. 그 결과 찾은 방법이 동그란 지구 모양을 그대로 만들고 그 위에 지도를 그리는 것이었어요. 지구의를 만든 것이지요. 지구의는 지구와 거의 같은 공 모양 위에 지도를 그렸기 때문에 실제와 거의 비슷하게 축소된 거리, 면적, 방향 등을 표시할 수 있어요.

넌 실제 지구 모습과 거의 비슷하게 만들어졌구나.

또 지구의는 가장 빠른 길을 찾는 데도 도움을 줘요. 우리나라에서 유럽으로 가는 가장 빠른 길은 어디일까요? 지도에서 보면 중국을 지나 유럽으로 가는 길이 가장 빠른 길로 보여요. 하지만 지구의에서 보면 러시아를 지나가는 길이 훨씬 빠른 길이라는 것을 알 수 있어요.

하지만 지구의가 무조건 좋은 것만은 아니에요. 지구의는 전 세계를 한눈에 볼 수 없어요. 반대쪽을 보려면 지구의를 돌려서 봐야 해요. 지도는 접거나 책으로 만들어 쉽게 가지고 다닐 수 있지만 지구의는 그럴 수 없어요.

하늘을 그린 지도도 있어

지도에는 하늘을 그린 지도도 있어요. 하늘에 있는 별들을 그린 천문지도예요. 전갈자리, 큰곰자리, 목동자리, 물병자리……. 별자리를 그린 지도를 보면 계절별로 어디에 어떤 별자리가 있는지 알 수 있어요. 우리가 흔히 알고 있는 별자리들은 서양의 별자리예요. 우리나라에는 서양과 다른 우리만의 별자리들이 있었어요.

먼 옛날부터 우리 조상들은 별자리 지도를 그렸어요. 그런데 조상들이 별자리 지도를 그린 이유는 단순히 재미를 위해서가 아니었어요. 별의 움직임을 관찰하는 것은 국가적으로 중요한 일이었어요.

옛날 사람들은 하늘을 두려워했어요. 가뭄이 드는 것도, 홍

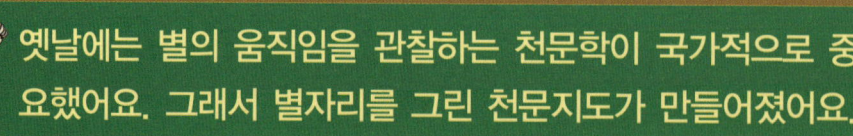

옛날에는 별의 움직임을 관찰하는 천문학이 국가적으로 중요했어요. 그래서 별자리를 그린 천문지도가 만들어졌어요.

수가 나는 것도, 날이 추워지거나 더워지는 것도 모두 하늘이 하는 일이라고 생각했어요. 그래서 하늘의 변화에 관심을 갖고 지켜봤어요. 특히 별들의 움직임을 관찰하는 것을 중요하게 생각했어요.

삼국 시대에는 관청을 두어 별자리와 날씨의 변화를 관찰하게 했어요. 고구려에서는 무덤 벽과 천장에 별자리를 새겨 넣기도 했어요. 이것이 가장 오래된 별자리 지도예요.

가장 아름다운 천문지도는 조선시대에 만들어진 〈천상열차분야지도〉예요. 가로 122.8㎝, 세로 200.9㎝ 정도 되는 돌에 새겨진 이 지도는 북극을 중심으로 1467개의 별들이 293개의 별자리를 이루어 자세히 표시되어 있어요.

날씨를 알 수 있는 기후도

지도는 땅의 모양만 나타내는 것이 아니에요. 다양한 정보를 담고 있는 다양한 지도들이 있어요.

지도를 보면 기후도 알 수 있어요. 기후도는 날씨와 관련된 내용을 표시한 지도예요. 기후도에는 기온, 강수량, 기압, 습도, 구름의 양, 바람 등 날씨와 관련된 다양한 것이 표시되어 있어요. 기후도는 지도 한 장에 한 가지만 표시되기도 하고, 두 가지 이상이 표시되기도 해요.

기후도에서는 보통 기온, 강우량, 기압 등이 같은 곳을 연결해서 표시해요. 그래서 기온이 같은 곳을 연결한 선을 등온선, 비가 온 양이 같은 곳을 연결한 선을 등우량선, 기압이 같은 곳을 연결한 선을 등압선이라고 해요.

바람은 화살표로 표시를 하는데 화살표의 방향은 바람이 부는 방향을 나타내고, 화살표의 길이는 바람의 세기를 나타내요. 화살표가 길수록 바람이 강하다는 뜻이지요.

이 밖에도 비 온 일수, 눈 온 일수, 첫눈이나 첫서리가 내린 날 등을 표시하기도 해요. 기후도를 보면 우리나라의 날씨의 특징이나 다른 나라 날씨의 특징을 쉽게 알아볼 수 있어요.

세계기상기구(WMO)는 동일한 기준으로 기후도를 제작하려고 준비하고 있어요.

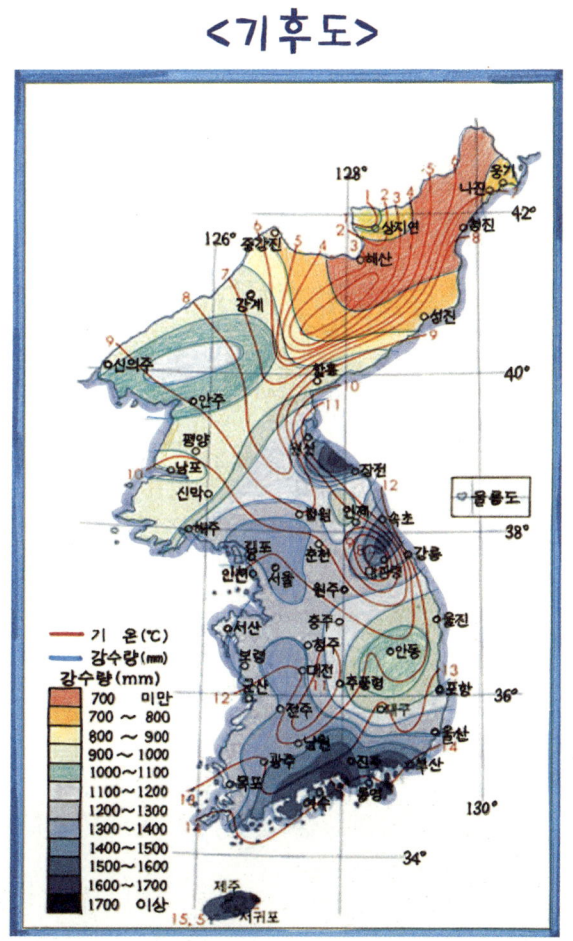

<기후도>

기후도를 보면 각 지역의 평균 기온과 강수량을 알 수 있어.

땅속의 상태를 알려 주는 지질도

우리가 흔히 아는 지도는 땅 위의 모습을 알려 주는데, 땅속의 모습을 알려 주는 지도도 있어요. 땅속의 상태를 알려 주는 지도를 지질도라고 해요.

땅 위에 평야, 산, 강 등 다양한 모습이 있듯이 땅속도 서로 다른 모양을 하고 있어요. 어떤 곳에는 석탄이나 금과 같은 지하자원이 묻혀 있고, 어떤 곳에는 지하수가 흐르고 있기도 하지요. 또 땅속에 쌓여 있는 돌이나 흙도 각각 달라요.

화산활동으로 생긴 돌이 쌓여 있는 곳도 있고, 모래나 흙이 오랫동안 쌓여서 굳어진 땅도 있어요.

땅속의 상태를 표시한 지질도는 석탄이나 금과 같은 지하자원을 캐는데 꼭 필요해요. 정확히 석탄이나 금 같은 지하자

핵심 포인트

> 땅속의 상태를 알려 주는 지질도는 지하자원을 찾고, 큰 공사를 하는 데 꼭 필요한 지도예요.

원이 있는 곳을 알지는 못하더라도 지하자원이 있을 가능성이 높은 곳을 알 수 있어요.

뿐만 아니라 지질도는 도로나 철도, 건물 등을 만드는 데도 필요해요. 큰 건물을 짓거나 큰 공사를 할 때는 반드시 지질도를 보고 땅속의 상태를 알아봐야 해요.

만약 땅속이 약한 곳에 높고 큰 건물이나 고속 도로를 만들면 건물이 무너지거나 도로가 파손될 수도 있기 때문이지요. 뿐만 아니라 지질도는 산사태 예방이나 토양 분포 등을 연구하는 중요한 자료가 된답니다.

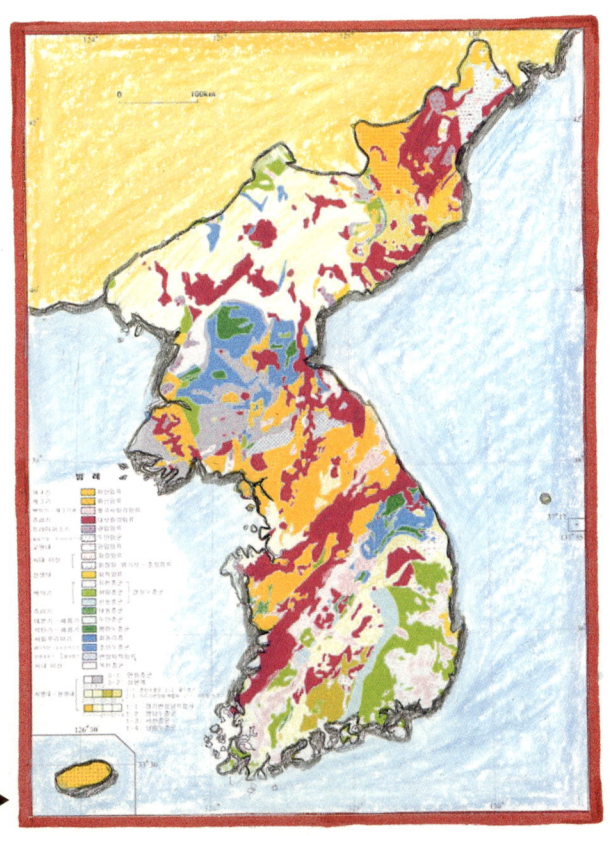

◀ 지질도

역사 공부에도 지도가 필요해

지도와 역사 공부는 별로 상관이 없어 보일지 모르지만 역사를 공부할 때 지도는 중요한 역할을 해요.

'신라의 진흥왕은 나라의 기틀을 굳게 다지는 한편 영토를 크게 넓혔다. 진흥왕은 백제와 함께 고구려를 쳐서 한강 유역을 차지했다. 진흥왕은 여기서 멈추지 않고 가야를 정복해서 낙동강 유역을 완전히 차지했다.'

이것은 신라 진흥왕의 업적을 적은 글이에요. 글만 봐서는 진흥왕이 얼마나 영토를 넓혔는지 쉽게 알 수 없지요.

하지만 지도를 보면 한눈에 진흥왕이 얼마나 많은 땅을 차지했는지 알 수 있어요.

이렇게 역사적인 사실을 지도에 표시한 것을 역사지도라고

핵심 포인트

역사지도는 역사적인 사실을 지도에 표시한 것이에요. 역사지도를 보면 역사를 더 잘 이해할 수 있어요.

해요. 역사지도를 보면 고조선부터 시작해서 지금까지의 영토의 변화, 각 나라의 수도 등을 한눈에 알 수 있어요.

뿐만 아니라 전쟁에서 군사들이 어디에서 어떻게 싸웠는지, 독립운동은 어디에서 어떻게 일어났는지 등을 쉽게 이해할 수 있어요. 이런 이유 때문에 역사책에는 항상 지도가 나와요.

길을 알려 주는 교통지도

일반 지도에도 도로가 표시되어 있지만, 여러 가지 정보들과 함께 표시되어 있기 때문에 도로 정보를 한눈에 알아보기 어려울 수 있어요.

도로교통도는 도로를 아주 상세하게 표시한 지도예요. 고속도로뿐만 아니라 차가 다닐 수 있는 도로들을 자세히 표시해 놓아 운전자나 여행자들이 쉽게 길을 찾을 수 있도록 만든 지도

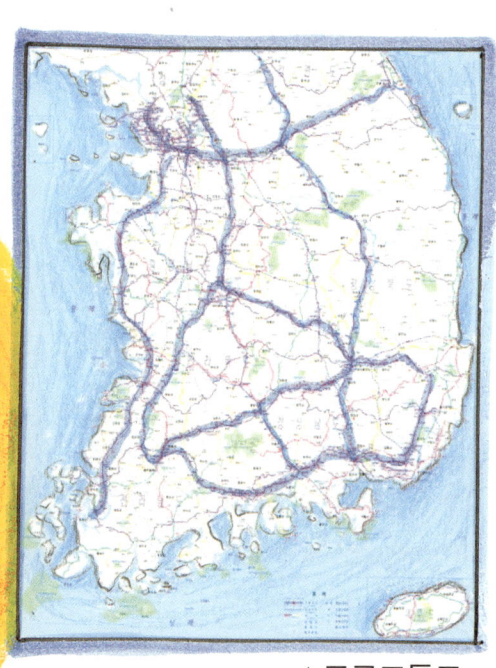

▲도로교통도

지요. 길을 알려 주는 지도에는 땅 위의 길만 알려 주는 것이 아니에요. 하늘을 나는 비행기나 바다 위에서 배가 다니는 길을 알려 주는 지도도 있어요.

이밖에도 중요한 관광지를 알려 주는 관광안내도, 각 지역의 산업을 알려 주는 산업도, 군대에서 필요한 여러 가지 정보를 담고 있는 군사도 등 지도의 종류는 아주 다양해요.

오늘날 지도는 수많은 분야를 조사하고 연구하는 자료뿐만 아니라 모든 생활에 이용되는 필수품이 되었어요.

▲항공도

우리가 사는 고장의 자랑

백제의 숨결이 살아 있는 공주와 부여

삼국 시대에는 백제, 고구려, 신라가 서로 힘을 겨루었어요. 근초고왕은 백제를 가장 크게 발전시킨 왕이었어요. 근초고왕은 고구려를 공격해 영토를 황해도까지 넓혔어요. 또 바다 건너 중국과 일본까지 진출해 백제의 힘을 널리 알렸어요.

광개토 대왕은 고구려를 동북아시아에서 가장 크고 강한 나라로 만들었어요. 광개토 대왕의 뒤를 이은 장수왕은 백제로 쳐들어 갔어요.

고구려의 침입을 대비하지 못했던 백제는 수도를 빼앗기고 남쪽으로 쫓겨 갈 수밖에 없었어요.

백제는 초기 수도였던 위례성에서 지금의 공주인 웅진성으로 수도를 옮겼어요. 공주는 외적의 침입을 막기는 좋았지

핵심 포인트

삼국 시대 백제, 고구려, 신라가 힘을 겨루었어요. 이 과정에서 백제는 지금의 공주에서 부여로 수도를 옮겨야 했어요.

만 평야지역이 넓지 못했어요. 그래서 백제는 다시 지금의 부여인 사비성으로 수도를 옮겼어요.
부여로 도읍을 옮긴 백제는 힘을 키워 나갔지만 신라와 당나라의 연합군에 의해서 멸망하고 말았어요.

신라 천 년의 도읍지, 경주

신라는 고구려 백제와 비슷한 시기인 약 2000여 년 전에 세워졌어요. 신라는 세 나라 중에서 가장 힘이 약하고 작고 늦게 발전한 나라였어요.

하지만 신라는 고구려와 백제의 틈바구니 속에서 끊임없이 나라를 지키고 발전시킬 방법을 찾았어요. 백제가 강해지면 고구려와 손을 잡고 백제에 맞섰고, 고구려가 강해지면 백제와 손을 잡아 나라를 지켰어요.

그리고 신라는 중국의 당나라와 손을 잡고 백제와 고구려를 멸망시키고 삼국을 통일했어요. 신라는 935년에 고려를 세운 왕건에게 멸망하기까지 천 년을 이어온 나라였어요.

경주는 천 년을 이어온 신라의 도읍지예요. 경주에는 신라의 역사가 고스란히 간직되어 있어서 도시 전체가 박물관이라고 할 수 있어요. 경주는 신라의 유산들이 잘 보존되어 있어요.

신라의 마지막 왕인 경순왕은 고려의 왕건에게 항복을 했기 때문에 경주는 전쟁을 겪지 않았어요. 또한 한국 전쟁 때도 경주는 전쟁의 피해를 입지 않았어요. 그래서 경주에는 신라 왕들의 무덤, 불국사와 석굴암, 남산의 문화재들, 첨성대 등이 고스란히 남아 있어요.

경주에는 첨성대, 불국사 등의 문화재가 있어.

가야 역사의 중심지, 김해

어느 날 하늘에서 이런 소리가 들렸어요.
"산꼭대기를 파면서 '거북아 거북아 머리를 내밀어라. 내밀지 않으면 구워서 먹겠다.'라고 노래하고 춤을 추어라. 그러면 너희를 다스릴 왕이 나타날 것이다."
그리고 하늘에서 금빛 상자에 든 여섯 개의 황금 알이 내려왔어요. 그 중 가장 먼저 태어난 아이가 김수로였어요.
김수로는 커서 왕이 되어 김해 지역을 중심으로 한 금관가야를 세웠어요. 나머지 다섯 개의 알에서 나온 아이들도 커서 각각 나라를 세웠어요. 가야는 이렇게 해서 여섯 개의 나라로 이루어져 있었어요.
경상남도 김해에 가면 거북이 머리처럼 생긴 구지봉이 있어요. 이 구지봉이 바로 가야를 세운 여섯 왕이 내려왔다는 전설이 전해지는 곳이에요. 김해의 구지봉은 가야의 역사가 시작된 곳이지요.

장보고의 청해진이 있었던 완도

통일신라 시대는 당나라와 무역이 활발했어요. 그런데 무역이 활발해지면서 바다에는 해적들이 들끓었어요. 하지만 신라는 해적들을 막을 힘도 군사도 없었어요. 이때, 신라의 장군 장보고가 해적들을 무찌르겠다고 나섰어요.

장보고는 전라남도 완도에 청해진을 설치하고 군사 1만을 모아 훈련을 시켰어요. 얼마 후 장보고는 군사들을 이끌고 해적들을

무찔렀어요. 머지않아 신라 바다에는 해적들이 사라졌어요. 해적을 무찌른 장보고는 바다를 항해하는 배들을 보호하고 통제했어요.
청해진이 있던 완도는 중국과 일본의 배들이 무역을 하기 위해 지나가는 길목이었어요. 장보고는 이런 지리적 이점을 이용해서 중국, 일본, 신라를 잇는 무역을 했어요.
이후 청해진은 세 나라를 잇는 국제 무역의 중심지가 되었어요.

후백제의 도읍지, 전주

신라 시대 말기는 아주 혼란스러웠어요. 귀족들은 서로 왕이 되기 위해서 죽고 죽이는 싸움을 끊임없이 했어요. 그러면서도 귀족들은 백성들에게 무거운 세금을 물렸어요.

백성들은 힘들게 농사를 지어도 세금을 내고 나면 남는 것이 없어서 굶주려야 했어요. 견디다 못한 백성들은 농민 군대를 만들어 신라 정부와 싸움을 벌였어요. 신라의 군인이었던 견훤은 농민군을 이끌고 전라도 지역을 차지했어요.

전라도 지역을 차지한 견훤은 사람들에게 외쳤어요.

"이곳은 먼 옛날 백제가 찬란한 문화의 꽃을 피웠던 곳입니다. 그러나 백제는 신라와 당나라의 공격을 받아 멸망하고 말았습니다. 이제 내가 완산주에 도읍을 정하고 백제의 뒤를 잇는 후백제를 세워 백제의 원한을 씻어낼 것입니다."

완산주는 지금의 전주예요. 전주를 비롯한 전라도 사람들은 견훤을 크게 환영했어요. 견훤이 귀족들의 횡포로부터 자신들을 지켜 줄 것이라고 믿었기 때문이었지요.

견훤은 900년에 후백제를 세우고 왕이 되었어요. 후백제는 날로 힘이 커져 옛 전라도는 물론 충청도 일대까지 백제의 땅을 대부분 차지했어요.

후고구려의 역사가 살아 있는 철원

견훤이 후백제를 세울 무렵 북쪽에서는 궁예가 세력을 키워나 갔어요. 궁예는 원래 신라의 왕자였어요.
하지만 귀족들의 싸움 때문에 궁예는 어린 시절 궁궐에서 쫓겨나 스님이 되었어요. 절에서 수도를 하면서 궁예는 미륵부처님이 와서 세상을 구원해 준다는 미륵신앙에 눈을 뜨게 되었어요. 귀족들의 횡포 때문에 고통 받는 백성들의 삶을 본 궁예는 세상을 구할 뜻을 품었던 거예요.
궁예는 사람들을 모아 여러 지역을 점령해 나갔어요.

교실 밖 톡톡상식

"백성을 괴롭히는 무리들은 모두가 우리의 적이다. 모두가 잘 사는 미륵세상을 만들자."

강원도와 경기도 일대를 차지한 궁예는 마침내 고구려의 뒤를 잇는 의미로 후고구려를 세웠어요. 철원을 새로운 도읍지로 정한 궁예는 화려한 궁궐을 지었어요. 하지만 궁예는 점차 포악해졌어요. 자신이 살아 있는 미륵부처라고 우기면서 죄 없는 사람들을 함부로 죽이기까지 했어요. 결국, 왕건은 궁예를 몰아내고 새로운 왕이 되어, 나라 이름을 고려라고 고쳤어요. 고려는 후백제와 신라로 나누어져 있던 나라를 통일했어요.

고려라는 이름에 담긴 뜻

궁예를 몰아내고 새로운 왕이 된 왕건은 나라 이름을 고려라고 정했어요. 고려는 후고구려와 마찬가지로 고구려의 뒤를 잇겠다는 의미였어요. 고려라는 이름은 고구려 때에도 쓰이던 이름이에요. 일본과 중국 역사책에는 고구려를 고려라고 쓰기도 했고, 고구려의 장수왕이 세운 비석에도 고구려 왕을 '고려 대왕'이라고 쓰기도 했어요.

 ## 강화도에도 궁궐이 있어

1231년, 살리타가 이끄는 몽골군이 고려를 침략해 왔어요. 몽골이 쳐들어오자 고려 조정은 강화도로 수도를 옮겼어요. 몽골은 바다가 없고 4면이 육지로 되어 있어 바다에서의 싸움은 약했기 때문이었어요.

강화도는 고려의 수도인 개경과 그리 멀지도 않고, 섬이 크고 넓은 평야가 있었어요. 또한 남쪽 지방에서 올라오는 곡식을 배로 실어 오기도 좋은 위치에 있었어요.

고려 조정은 강화도에 궁궐을 짓고 성을 쌓아 40여 년 동안 몽골에 맞섰어요. 강화도는 몽골에 항복하고 다시 수도를 개경으로 옮기기 전까지 40여 년 동안 고려의 수도였던 것이지요.

강화도는 조선 시대에도 왕실의 피난지로 임금이 머물 수 있는 임시 궁궐이 있었고, 조선 왕실의 귀중품과 《조선왕조실록》 등의 중요한 책을 보관하기 위해 외규장각이 세워지기도 했어요.

임진왜란의 격전지, 행주산성

1592년 일본은 조선을 침략했어요. 하지만 조선은 전쟁에 대한 아무런 대비가 되어 있지 않았어요. 무기나 군사가 제대로 갖추어 지지 않은 조선 군대는 번번이 싸움에서 졌어요. 조선은 전쟁이 시작된 지 두 달 만에 나라를 빼앗길 위기를 맞았어요. 하지만 힘없이 밀리기만 하던 조선 육군도 이순신과 의병의 활약에 힘입어 반격에 나서기 시작했어요. 권율은 서울을 되찾기

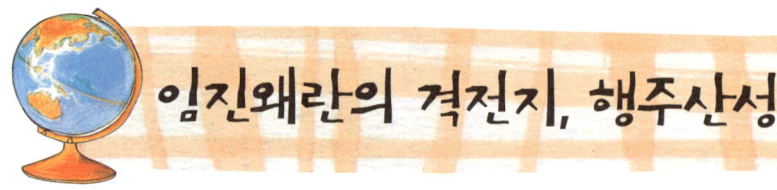

위해 군사를 이끌고 한강 하류에 있는 행주산성으로 갔어요. 권율이 행주산성으로 오자 일본군 3만여 명이 몰려왔어요. 조선 군사들은 권율의 명령에 따라 일제히 화살과 대포를 쏘아 댔어요. 몰려오던 적은 물러갔다가 다시 몰려오기를 반복했어요. 행주산성에서는 군사들뿐만 아니라 여자들도 앞치마에 돌을 날랐어요. 군사들뿐만 아니라 여자들까지 힘을 합쳐 싸운 결과 행주산성에서 큰 승리를 거두었어요. 이 전투를 행주대첩이라고 해요.

동학 농민 운동이 시작된 정읍

1894년, 전라북도 정읍에서는 못된 관리들의 횡포에 시달리던 수많은 농민들이 대나무로 만든 창을 들고 일어섰어요.

정읍에서 시작된 동학 농민 운동은 전국으로 퍼져나갔어요. 농민군 대장 전봉준은 농민군을 이끌고 진격해 전주를 차지했어요. 농민군을 막을 힘이 없었던 조선 정부는 협상에 나섰어요.

조선 정부는 전봉준의 말을 들어주기로 했고, 그 약속을 믿고 전봉준과 농민군은 전주에서 물러났지요.

그런데 얼마 후, 일본군이 조선 궁궐에 침입해 나라를 빼앗으려고 했어요. 이것을 안 전봉준은 다시 농민군을 모았어요.

전봉준과 농민군은 서울을 향해 진격해 갔어요. 하지만 최신식 조총과 대포로 무장한 일본군을 이길 수 없었어요.

전봉준을 비롯한 수십만 명의 농민들이 나라를 구하려고 일어섰다가 목숨을 잃었어요.

 ## 민주화의 성지, 광주

1979년 독재 정치를 했던 박정희 대통령이 세상을 떠나자 그동안 억눌렸던 민주주의에 대한 외침이 터져 나왔어요. 그런데 전두환을 비롯한 군인들이 무력으로 권력을 차지해 버렸어요. 전국 곳곳에서 군인들을 반대하는 시위가 일어났어요.

광주에서도 시위가 있었어요. 그런데 1980년 5월 17일, 광주에 공수부대가 들어왔어요. 공수부대는 광주 시민들에게 마구잡이로 총을 쏘았어요. 국민을 지켜야 할 군인들이 국민들에게 총을 쏜 것이었지요.

광주 시민들은 군인들에게 맞서 싸우기 시작했어요. 하지만 당시 신문과 방송에서는 '광주에서 북한의 지령을 받은 빨갱이들이 총을 들고 난리를 일으켰다.'라고만 떠들었어요.

 핵심 포인트

5·18 광주민주화운동은 우리나라 민주주의 발전에 가장 큰 영향을 미쳤던 위대한 항쟁이었어요.

▲광주민주화운동 사진첩

민주주의를 위해서 용감히 싸웠던 광주 시민들은 폭도라는 누명을 써야 했지요.

이에 죽음을 각오한 광주 시민들은 도청에 모여 항쟁을 했지만 군인들이 쏜 총에 많은 사람들이 목숨을 잃고 말았어요.

민주주의를 위해 싸운 광주 항쟁은 한국 민주주의 발전에 가장 큰 영향을 미쳤던 사건이면서 위대한 항쟁이었어요.

 # 삼별초와 4·3항쟁의 비극이 서린 제주도

몽골의 침입을 받은 고려는 끈질기게 싸웠어요. 하지만 전쟁이 길어지자 고려 정부는 몽골에 항복하기로 결정했어요. 그런데 삼별초라는 부대는 이 결정을 반대하고 나섰어요.

삼별초는 전라남도 진도와 제주도로 옮겨 가면서 전쟁을 계속했어요. 삼별초는 제주도에 항파두리성을 쌓고 2년 동안 몽골군에 맞섰어요. 하지만 몽골의 대군을 상대하기엔 무리가 있었어요. 결국, 삼별초는 제주도에서 모두 목숨을 잃고 말았어요.

그 후, 고려는 몽골의 간섭과 지배를 받게 되었어요.

또한 제주도는 해방 이후 가장 큰 비극인 4·3항쟁이 일어난 곳이기도 해요.

1945년 해방을 맞은 우리나라는 새로운 나라를

세울 희망에 부풀었어요. 그런데 미국과 이승만은 남한만 단독으로 선거를 치러서 정부를 세운다고 발표했어요. 제주도 사람들은 남과 북이 갈라지는 것을 막기 위해 시위를 벌였어요. 그런데 군인들은 무자비하게 총을 쏘았어요. 이 과정에서 3만 명이 넘는 제주도 사람들이 목숨을 잃었어요. 이 사건을 4·3 항쟁이라고 해요.

우리 고장 사람들의 모습

우리 민족은 축제를 좋아해

우리 민족은 옛날부터 노래와 춤을 좋아했어요. 흥겨운 일에도 노래하고, 힘든 노동을 하면서도 노래하고 춤추며 고통을 잊었어요.

또 우리 민족은 농사를 짓기 시작하면서 하늘에 제사를 지냈어요. 농사가 잘되려면 사람의 노력도 중요하지만 때에 맞춰 비가 내리는 등의 날씨가 아주 중요해요. 날씨는 하늘이 하는 일이라고 생각한 사람들은 한 해 농사가 잘되기를 바라는 마음과 한 해 농사를 잘되게 해준 하늘에 감사하는 마음을 담아 하늘에 제사를 지냈어요. 이를 제천의식이라고 해요.

제천의식은 제사이자 축제였어요. 제사를 지내고 사람들은 밤낮으로 노래를 부르고 춤을 추었어요. 제천의식을 통해

옛날 하늘에 제사를 지내는 의식은 오늘날 지역의 안녕을 기원하고 전통을 이어 가는 축제가 되었어요.

서 사람들은 농사를 지으면서 쌓였던 피로를 풀었어요.
제천의식은 오늘날 단오나 추석과 같은 명절로 이어졌어요.
뿐만 아니라 각 지역의 특색에 맞는 다양한 축제들이 생겨
났어요. 제천의식에서도 알 수 있듯이 축제들은 그저
먹고 노는 자리가 아니예요. 축제는 지역의
안녕과 발전을 기원하고, 전통문화
를 이어 가며 지역 사람들이
하나가 되는 자리예요.

아름다운 왕실의 제사 의식, 종묘대제

조선은 유교를 중심으로 하는 국가였어요. 유교의 가장 중요한 가르침은 부모님에 대한 효와 임금에 대한 충성이었어요.

임금도 부모님에게 불효를 저지르면 왕에서 쫓겨날 정도로 효를 중요하게 생각했어요. 살아 있는 부모에 대한 효뿐만 아니라 돌아가신 부모나 조상에 대한 제사를 중요하게 생각했어요.

종묘는 죽은 왕과 왕비의 영혼을 모신 곳으로 유네스코 세계문화유산에 등록될 만큼 아름답고 경건한 건축물이에요.

종묘제례는 종묘에서 왕이 조상에게 드리는 제사를 말해요. 종묘제례는 사계절의 첫번째 달인 1월과 4월, 7월, 10월에 지내고, 나라에 특별한 일이 있어도 지냈어요. 종묘제례는 나라에서 가장 중요한 행사였기 때문에 준비 절차도 복잡했고, 엄격한 절차에 의해서 경건하게 진행되었어요.

종묘제례에는 모든 순서마다 음악과 노래가 함께했는데 이 음악을 종묘제례악이라고 해요.

종묘제례악은 엄숙하고 경건한 음악이에요. 제사 의식인 종묘제례와 종묘제례악은 모두 유네스코 세계무형문화유산에 등록되어 있어요.

해방 후부터 매년 5월에 열리는 종묘대제는 우리나라 최대의 제례 의식으로 전 세계의 관심을 받는 행사가 되었어요.

백제 문화를 볼 수 있는 백제문화제

충청남도 공주와 부여는 백제의 수도가 있었던 곳이에요. 이곳에서는 매년 10월에 백제문화제가 열려요.

백제문화제에서는 백제 왕의 즉위식, 백제 왕의 행렬, 백제 군대의 행렬, 황산벌 전투 등 다양한 행사를 통해서 백제의 역사와 문화를 엿볼 수 있어요.

백제문화제의 시작은 백제를 지키기 위해 끝까지 충성을 다했던 세 명의 충신 계백, 성충, 흥수를 기리고, 백제가 멸망했을 때 낙화암에서 떨어져 죽은 궁녀들을 위로하기 위한 제사에서 시작되었어요. 부여에서 1955년부터 '백제대제'라는 제사를 지냈는데 이것이 백제문화제의 시작이었지요.

1966년부터 공주에서는 매년 열리던 추모제를 합쳐서 '백제문화제'로 이름을 바꾸었어요. 그 후 백제문화제는 점점 커져 1980년대 이후에는 우리나라의 대표적인 역사문화제가 되었어요.

뿐만 아니라 중국, 일본 등과 활발한 교류를 했던 백제의 역사를 되살려 중국, 일본 등 다양한 나라들이 참여하는 국제적인 문화제로 발전하고 있어요.

세계 최대 기지시줄다리기 축제

충청남도 당진군 송악면 기지시리에서 열리는 줄다리기는 세계에서 가장 큰 줄다리기 행사예요. 줄다리기에 쓰이는 줄은 길이가 200미터 이상이고, 둘레가 2미터 정도로 무게가 40톤에 이르러요.

기지시줄다리기는 450여 년의 역사를 가지고 있어요. 조선 시대에 당진 지방에는 해일이 일어나 하룻밤 사이에 많은 동네가 물에 잠겼고 전염병이 퍼져 많은 사람들이 목숨을 잃었어요. 그때 마을을 지나던 도사가 말했어요.

"마을 사람들이 정성을 다해 줄을 짜고, 그 줄을 당기면 재난이 사라지고 평안해질 것이다."

이 말에 따라 기지시리에서는 줄다리기가 시작되었다고 해요.

기지시줄다리기는 1982년에 중요무형문화재 제 75호로 지정되었어요. 지금은 줄다리기뿐만 아니라 다양한 전통놀이와 민속공연이 어우러지는 전통문화축제가 되었어요.

춘향전의 고향, 남원 춘향제

남원은 춘향전의 무대로 유명한 곳이에요.

남원에는 춘향과 관련된 곳이 많아요. 이몽룡과 춘향이 처음 만난 광한루는 조선 시대를 대표하는 누각으로 보물 제281호로 지정되어 있어요. 광한루 앞에는 연못이 있고 연못에는 오작교라는 아름다운 돌다리가 있어요.

또한 남원은 판소리를 비롯한 국악의 고장이기도 해요.

전라도 판소리는 크게 동편제와 서편제로 나누어요. 섬진강을 기준으로 동쪽에 있는 남원, 구례, 순창, 곡성 등에서 발달한 판소리를 동편제라고 하고, 섬진강 서쪽에 있는 광주, 나주, 보성, 강진 등에서 발달한 판소리를 서편제라고 해요.

남원시 운봉읍은 동편제 판소리를 만든 송흥록이 태어난 곳이에요. 뿐만 아니라 수많은 판소리 명창과 가야금 명인, 대금 명인 등 국악인들이 지리산 자락인 남원에서 국악을 발전시켰어요. 1931년부터 시작된 남원 춘향제는 춘향전과 판소리를 비롯한 국악이 어우러진 축제예요. 남원 춘향제에서는 전통 혼례를 비롯한 다양한 체험을 할 수 있어요.

전통이 잘 보존된 강릉 단오제

음력 5월 5일, 단오는 조선 시대까지만 해도 설, 추석과 함께 가장 큰 명절이었어요.

강릉 단오제는 단옷날을 전후로 벌어지는 강릉 지역의 축제예요. 강릉 단오제는 음력 4월 5일에 시작해서 5월 7일까지 한 달이 넘게 계속되어요. 한 달이 넘는 기간 동안 여러 제사와 굿이 열려요. 강릉 단오제의 가장 큰 볼거리는 음력 5월 5일 전후 5일 동안 매일 저녁 늦도록 열리는 단오굿이에요.

단오굿은 부정을 없애고 풍년과 행복을 비는 내용으로 15가지 이상의 굿판이 벌어져요.

그리고 다른 지역에서 찾아 볼 수 없는 우리나라 유일의 무언극인 관노가면극도 강릉 단오제의 대표적인 행사예요.

무언극이란 말을 하지 않고 몸짓으로만 내용을 전달하는 연극을 말해요.
우리 민속 원래의 모습이 잘 보존되어 있는 강릉 단오제는 그 가치를 인정받아 2005년에 유네스코 세계무형문화유산에 등록되었어요.

바닷길이 열리는 진도 영등축제

진도 사람들은 옛날부터 노래를 좋아했어요. 진도 사람들은 흥겹게 놀 때뿐만 아니라 일을 할 때도, 사람이 죽었을 때도 노래를 불렀어요. 그리고 진도의 씻김굿은 다른 지방의 굿과는 달리 노래와 춤이 주를 이루고 있어요.

진도 노래 중에서 가장 유명한 노래는 진도 아리랑이에요. 진도 아리랑 뿐만 아니라 일을 할 때 부르는 남도 들노래, 사람이 죽었을 때 부르는 다시래기, 억울한 영혼을 달래기 위한 진도 씻김굿 등은 예술적 가치를 인정받아 중요무형문화재로 지정되어 있어요.

이렇게 많은 무형문화재가 있는 곳은 진도뿐이에요.

진도에서는 해마다 음력 2월 말에서 3월 보름 사이에 바다

핵심 포인트

진도는 우리나라에서 가장 많은 중요 무형문화재가 있는 곳이에요.

가 갈라져 옆에 있는 섬까지 길이 생겨요. 이때에 맞춰서 진도에서는 영등축제가 열려요.

영등축제에 가면 강강술래, 남도 들노래, 다시래기, 진도 씻김굿, 진도 북놀이, 진도 아리랑 등 진도 고유의 민속 공연을 한꺼번에 볼 수 있어요.

탈을 주제로 한 안동 국제 탈춤 페스티벌

안동은 양반의 고장으로 유명해요. 안동은 도산서원, 병산서원 등 전국에서 가장 많은 서원이 있는 곳이에요.

이황, 유성룡 등 뛰어난 학자들이 제자들을 길러 조선 시대 유학을 이끌었던 곳이기도 하지요.

안동에는 많은 유적지와 문화재들이 있어요. 그 중 하나가 안동하회탈과 안동하회별신굿탈놀이예요. 안동하회탈은 국보 제121호로 지정되어 있는데 우리나라에서 가장 오래된 탈이에요. 안동하회탈은 다양한 얼굴 표정까지 표현할 수 있는 우리나라 최고의 전통 탈이에요.

하회별신굿탈놀이는 마

교실 밖 톡톡상식

안동하회마을

안동하회마을은 약 600년 전부터 풍산 류씨들이 모여 살던 마을이에요. 자연과 조화를 이루고 있는 집들과 서원이 잘 보존되어 있는 안동하회마을은 2010년 유네스코 세계문화유산에 등록되었어요.

을에 안녕을 비는 굿을 하면서 신을 즐겁게 해주기 위해서 하회탈을 쓰고 노는 탈놀이에요. 하회별신굿탈놀이는 양반에 대한 신랄한 풍자를 하며 웃음과 해학이 넘치는 내용을 담고 있어요.

안동에서는 하회별신굿탈놀이를 바탕으로 국제 문화축제인 안동 국제 탈춤 페스티벌을 열고 있어요. 이 축제는 세계 각국의 다양한 탈과 탈춤, 가면극을 볼 수 있어요.

벚꽃이 아름다운 진해 군항제

진해는 벚꽃이 아름다운 곳이에요. 3월 말과 4월 초가 되면 진해는 온통 벚꽃으로 뒤덮여 진해 군항제가 열려요. 진해 군항제라고 하면 벚꽃 축제로 알려져 있어요.

하지만 진해 군항제의 시작은 꽃 축제가 아니었어요. 1952년 4월 13일 진해에 우리나라 최초로 이순신 장군 동상을 세우고 추모제를 올린 것이 군항제의 시작이었어요.

처음에는 추모제를 지내는 것이 전부였지만 해가 지나면서 행사가 점점 커졌어요. 1963년부터 이순신 장군의 정신을 이어가고 지역의 문화 예술을 발전시키기 위한 대표적인 문화 축제로 발전했어요.

진해는 해군사관학교가 있는 곳이라서 축제의 이름도 군대가 있는 항구라는 뜻의 군항제라고 지었어요.

군항제에서는 이순신 장군이 전쟁에서 이기고 돌아오는 행렬을 재현한 이충무공 승전행차, 이충무공 추모대제, 군악대와

의장대 공연 등의 행사가 열려요.
흐드러지게 핀 벚꽃 속에서 이순신 장군과 한국 해군의 위상을 느낄 수 있는 축제가 바로 진해 군항제지요.

세계적인 영화 축제, 부산국제영화제

부산은 우리나라 영화의 중심지로 많은 영화들이 부산에서 만들어지고 있어요.

부산에서는 매년 가을에 부산국제영화제가 열려요. 1996년 처음으로 열린 부산국제영화제는 우리나라에서 처음으로 만들어진 국제영화제예요.

1932년부터 시작된 이탈리아의 베니스영화제, 1946년부터 시작된 프랑스의 칸 영화제 등과 같이 세계적으로 유명한 영화제에 비하면 짧은 역사를 가지고 있어요.

하지만 부산국제영화제는 빠르게 성장해서 지금은 아시아를 대표하는 국제영화제로 자리매김했어요.

부산국제영화제는 미국이나 프랑스 같은 서양 영화에 밀려 있던 아시아의 영화를 새롭게 발굴해 내고, 아시아 영화인들을 하나로 묶는 역할을 하고 있어요.

영화 보러 부산으로 가 볼까?

도자기의 모든 것, 이천 도자기 축제

경기도 이천시, 여주군, 광주시는 도자기로 유명한 곳이에요. 경기도 남동쪽에 모여 있는 이 세 곳은 도자기를 만들기 좋은 흙과 땔감이 풍부해서 좋은 도자기들이 생산되고 있어요.

이 세 곳에서 생산되는 도자기들은 조금씩 차이가 있는데, 이천은 예술적인 도자기, 여주는 실생활에 사용되는 생활 도자기, 광주는 왕실 도자기로 유명해요.

세 지역은 도자기라는 주제로 비슷한 시기에 축제를 열기 때문에 서로 경쟁이 치열해요.

어느 도자기 축제든 장인들이 만든 멋진 도자기를 볼 수 있고, 직접 도자기 만드는 체험을 할 수도 있

어요. 그리고 다양한 이벤트들을 즐길 수 있어요. 1987년에 가장 먼저 도자기 축제를 연 이천은 지금까지 가장 많은 사람들이 찾아오고 있어요. 1990년에 도자기 축제를 시작한 여주는 생활에서 편리하게 쓸 수 있는 도자기를 선보여 많은 사람들의 관심을 받고 있어요. 가장 늦은 1998년에 도자기 축제에 뛰어든 광주는 조선 시대에 궁궐에서 쓰는 도자기를 만들었다는 전통과 자부심을 내세우고 있어요. 세 지역은 서로 경쟁하지만, 홀수 해에는 서로 힘을 합쳐 세계도자기비엔날레를 열고 있어요. 세계도자기비엔날레는 80여개 국이 참가하는 세계 최대 규모의 도자기 축제로 발전했어요.

제주도의 대표적인 지역 축제, 탐라문화제

탐라문화제는 제주도에서 열리는 축제 중에서 가장 규모가 크고 오래된 축제예요.

탐라문화제는 1956년 제주도의 문화 예술인들이 모여서 연 제주문화제가 그 시작이었어요. 제주도 문화예술인들은 문학, 음악, 연극, 미술 등 예술 행사를 열었는데, 시간이 지나면서 제주도민들이 참여하는 축제로 발전해 나갔어요.

이후, 한라문화제로 이름을 바꾸어 진행되다가 2002년부터 탐라문화제로 바뀌었어요.

제주도는 육지와는 다른 독특한 문화와 역사를 가지고 있는 곳이에요. 제주도는 고려 시대이전까지 탐라국이라는 나라였고, 육지와는 다른 특별한 사투리와 생활 풍습이 있었어요.

탐라문화제는 제주도의 역사와 문화, 제주도 사람들의 생활을 담고 있는 축제예요.

매년 10월에 열리는 탐라문화제에는 해녀의 노래, 제주도 민요, 제주칠머리당영등굿 등과 같은 제주도의 민속 문화 공연과 탐라국을 비롯한 제주도의 역사를 알 수 있는 전시물, 제주 해녀들의 생활을 알 수 있는 해녀문화축제 등 다양한 행사가 이어져요.

뿐만 아니라 제주도 사투리로 말하는 제주어 경연대회, 제주도 사투리로 시를 읽는 제주어

시낭송 대회, 제주도 사투리로 연극을 하는 공연 등도 열려요. 탐라문화제는 독특한 제주도의 문화를 이해하는 좋은 문화제예요.

탐라문화제는 육지와 다른 독특한 문화와 역사를 가지고 있는 제주도를 이해하기 좋은 축제예요.